Johannes Husten

Gedichte und Gedanken

Vorwort

Mir geht es ausgezeichnet. Ich rede auch gern viel und denke noch viel mehr nach. Oftmals finde ich aber kein entsprechendes Ohr, die Gedanken passen gerade nicht ins Gespräch oder ich möchte einfach nicht schon wieder lang und breit Ideen ausführen. Deshalb habe ich angefangen Gedichte zu schreiben.

Sie sind für mich der beste Weg, um Dinge aus dem Kopf zu bekommen und abstrakten Gedanken, konkreten Gefühlen und Erlebnissen eine Form zu geben. So habe ich sie festgehalten und kann mich, wie bei einem Bild, immer wieder in das Erlebte hineindenken, beziehungsweise Erinnerungen verarbeiten.

Die Gedichte sind in verschiedene Kapitel unterteilt. Alle folgen einem übergeordneten Thema, welches manchmal auf den ersten, das nächste mal erst auf den zweiten Blick, klar wird. Was sie jedoch alle eint ist, dass sie im Gegensatz zu den Gedichten selber keinen Titel tragen.

Bibliografische Information der Deutschen Nationalbibliothek:
Die Deutsche Nationalbibliothek verzeichnet diese Publikation in der Deutschen Nationalbibliografie; detaillierte bibliografische Daten sind im Internet über
http://dnb.dnb.de abrufbar.

Herstellung und Verlag: BoD – Books on Demand, Norderstedt

ISBN: 978-3-74-605954-9

Inhaltsverzeichnis

Talent

Gedichte schreiben ist kein Talent
Es ist die Kunst des bewussten Sehens
Der Versuch zu begreifen
Und Gedanken eine Form zu geben

Kapitel I

Freiheit

Schier endlose Macht
Absoluter Gehorsam
Keine Fragen
Unter wehenden Fahnen

Spalier den Mächtigen
Gottesgleich und doch verhasst
Vorreiter und Pionier im grünen Kleid
Auf dem Schlachtfeld der Unterwürfigkeit

Auf den Gebeinen der Ahnen
Weiße Rosen blühen und darben
Aus vergrabenen Kastanien werden Bäume
Aus fehlinterpretierten Werten Träume

Brüchige Giganten im Duell der Gunst
Tanzen taumelnd um sich selbst herum
Und wer den Stuhltanz dann gewinnt
Das Netz genauso weiter spinnt

Sperrt sie ein in luftschlösserne Ketten
Die Unfähigen, Willenlosen und Marionetten
Und wird dann trotzdem alles rot, weiß, blau verziert
Weiß ich, wie man absolute Freiheit definiert

Kleiderhaken

Ein Gefüge ohne Seele
Werte ohne Ehre
Ein strahlend lächelndes Gesicht
Kalkuliert und vorgeschickt

In ein Konzert ohne Dichter
Mit einer Bühnenshow ohne Lichter
Mit Emotionen ohne Gefühle
Der Charakter am Kleiderhaken
In der Garderobe, hinter der Bühne

Und tausende Menschen mit Visionen
Von zu erreichenden Werten und Idolen
Mit einer konzipierten Realität nach der sie streben
Traurig, in was für einer Zeit wir Leben

Wichtig

Hallo ich bin's, lasst mich rein
Euer Freund, das Opportunistenschwein

Tolle Meinung habt ihr da
War schon früher so, hab's immer gesagt

Hab's gebetet und gepredigt
Brauche viel und gebe wenig

Meinung ist das größte Gut
Doch nur für den, der wirklich denken tut

Erfolg kann doch so einfach sein
Sage Ja und trete ein

Und eines dürft Ihr nicht vergessen
Gewinnen schmeckt gut, wenn's alle fressen

Gereift

Erbärmlich und einsam
Gesellig und zweisam
Freude im fässernen Gewand
Dreifach gereift
Genossen, mit halbem Verstand

Sünden

Und keinen Tag wird das Leben ruhen
Steckt dir schamlos seine Sünden zu
Wie du dich nun versuchst zu winden
Flüchtend unter karge Linden
Die Schuld dir an den Beinen zerrt
Dir den Blick und Weg versperrt
So bleibt dem Bauern eins zur Ruh
Sperrt Haus und Fensterläden zu

La Bataillon D'Amour

Wo Hoffnung das Alleinsein bricht
Sind Trieb und Glück im Gleichgewicht

Wo verlorene Sehnsucht laufen geht
Strahlt ein Licht am Ende jeden Wegs

Lass dich führen und lass dich leiten
Augen zu in bessere Zeiten

Lass dich fallen in sanfte Wiegen
Lass Einsamkeit und Furcht rechts liegen

Der letzte Ausweg ist die Wut
Falscher Stolz, gespielter Mut

Öffne dich und geh deinen Weg
Weh die Fahne auf der Liebe steht

Und du bist nicht allein, sie sind auf Tour
Für dich, für immer, la bataillon d'amour

Kreuzzug I

Seid Ihr jetzt zufrieden
Ihr Vertreter unserer Stadt
Habt dem Volk gegeben
Demokratie alle Ehre gemacht

Ungläubige und Rebellen
Niedergerungen und vergebens
Können sie uns nicht besiegen
Jedem das Seine, unsere Leben

Hinaus, hinaus ihr roten Reiter
Siegreich ins gelobte Land
Erringt uns eine neue Freiheit
Ruhm fürs einig Vaterland

Auf der Asche unserer Feinde
Gründen wir ein neues Reich
Lasst sie alle dort verrecken
Unser Freud, des anderen Leid

Kreuzzug II

Sie kommen
Unaufhaltsam
Ein Flammenmeer
Die weißen Reiter aus dem Norden

Rauch und Asche
Staub und Tod
Alles zerfällt
Die Reiter rot

Nichts mehr ist
Wo alles war
Kein Leben, kein Haus
Kein einzig Stimme

Im Guten gekommen
Um in Ruhe zu leben
Was der Herr uns gab
Wollt er uns nehmen

Gerechtigkeit kennt keinen Frieden
Gerechtigkeit ist ein Gefühl
Tod und Sieg gehen Hand in Hand
Für vermeintliche Liebe, vom Ruhm verführt

Yes Lord

Yes Lord
Ich danke dir

Für Erfüllung und Sinn
Für den Grund zu leben
Für das was ich bin
Bist mein wahrer Segen

Verhindert hast du all das Böse
Hältst schützend deine Hand
Treibst mich zu wahrer Größe
Genauso wie das ganze Land

Alles Schlechte hältst du fern
Weißt, was wahre Liebe ist
Wirst die anderen in die Knie zerren
Unfehlbarkeit, kein Kompromiss

Kriege kommen, Kriege gehen
Und wenn mal Leute sterben
Dann muss das so geschehen
So lange die roten Tropfen nicht unsere Kleider färben

So kann und muss es weitergehen
Sünder werden zu gejagten
Göttlich und mit deinem Segen
Fliegen weiter unsere Bomben und Granaten

Unerwartet

Zwischen sandbedecktem Berg und Tal
Erwacht der erste Sonnenstrahl
Weit weg von Grün und Seen
Sonnenschutz im Haus aus Lehm

Das erste Essen schon vorbei
Das nächste erst bei Dunkelheit
Da beobachtet der Vater mit seinem Kind
Wie ein Schwarm Vögel am Himmel fliegt

Freundlich fliegen sie gen Süden
Nur einer scheint zurückgeblieben
Dann stellt er fest und wurde rot
Das war kein Vogel, es war der Tod

Ein Apfel

Ein Apfel hängt am Baum
So saftig rot doch jung
Unschuld vergeht, die Weisheit kommt
Tage vergehen, Stund um Stund

Die Nächte lang, die Tage schwer
Noch unschuldig, an Erfahrung leicht
Doch Warten hat heut keinen Wert
Wird gepflückt, zu früh und ungereift

Solidarität

Liebe geht durch den Magen
Trinken auch
Der Vorteil ist
Wenn man viel isst, hält es den Alkohol auf

Wie ein Geier im Kreise
Stehe ich in Reih und Glied
Gierig starrend auf die Front
Die Beute reihenweise sich verzieht

Lasst mich vor, ich will nur sein
Gefangen in der Lust
Trinken will ich noch viel mehr
Kollektiver Überdruss

Menschlichkeit beschreibt es gut
Schlange stehen fürs Essvergnügen
Doch jeder will der Erste sein
Solidarität, die manchmal größte Lüge

5th Avenue

Hoch die Häuser
Schnell die Autos
Stockend der Verkehr
Ein Wettkampf von Ladentür zu Ladentür

Schlendern, die glorifizierte Version von Kampfschritt
Überall kracht und raschelt es
Das gegeneinander prallen der Einkaufstüten
Keine Zeit, keine Ruhe, kein Auge
Übersehen und ignoriert
Sitzt ein Mann im roten Shirt
Auf dem Boden der Fifth Avenue

Keiner guckt hin, wie ein Ungeziefer
Durch Nichtachtung gestraft
Zwischen all den Autos, dem Gerede, den Helikoptern
Hört man immer wieder einen Rhythmus

Cent Stücke auf Plastik
Die Tonlage recht hoch
Zeugen mangelnder Beachtung
Ich setzte mich hin und gucke

Ordentlich angezogen
Rasiert und gepflegt
In der Hand ein Schild
All we had, lost in a fire

Verloren wie sein Eigentum sitzt er da
Ein stolzer Mann, gebrochen
Herab guckend
Die Scham ist nicht zu ertragen

Das Leid reißt tiefe Narben ins Gesicht
Lachfalten gibt es nicht mehr
Sie sind glatt gezogen
Ich stehe auf

Der Ton wird tiefer
Doch laufe ich weiter
Immer und immer wieder
Die gleichen hohen Lieder

Nichts

Das Kostüm der inneren Furcht
Ein Karabiner am Hang der Bedeutungslosigkeit

Ein zuckender, gestreckter Finger
Im grau gefärbten Augenlicht

Eine sandsteinerne Büste
Mit goldenem Schild

Glasige Hoffnung
Und weißes Glück

Lächelnde Trauer
Bei blendender Sicht

In einer verlorenen Seele
Ein Konfetti beregnetes Nichts

Folgen

Schön, dass es euch alle gibt
Es braucht ja auch jemanden
Der selbstbewusst auf den roten Teppich tritt

Schön, wie ihr tanzt und euch bewegt
Haltet die Leute bei Laune
Gebt mir Rückendeckung wenn ich geh

Alle stark und selbstbewusst
Aber ich sehe in deinen Augen
Siehst dich ständig um, ob jemand guckt

Und wer bin ich, dass ich sage, was ihr machen sollt
Ihr dürft doch Glücklich sein und Liebe spüren
Wird bestimmt auch gehen, solange euch morgen noch
jemand folgt

Tablett

Muss man sie lassen wie sie sind
Auch wenn ich es besser weiß
Kann ich es nicht machen
Werde kämpfen um jeden Preis

Ignorant doch wissbegierig
Ungeschick und falsche Wahrheit
Führen Gedanken zu Ideologien
Was den Denker in den Wahnsinn treibt

Analyse der Allgemeinheit Recht
Interpretation des Geistes Gut
Eine Frage der Definition
Ein kleiner Riss am sinkenden Boot

Menschen tragen Gedanken
Wie ein goldenes Schwein auf dem Tablett
Doch wer sich nur von Fleisch ernährt
Wird faltig, stolz und fett

Crémant

Betrunken geht die Welt zu Grunde
Taumelnd auf dem Weg zum Glück

Der letzte Tropfen hat gemundet
Zweifelnd geht der Blick zurück

Die Zukunft lag in unserer Hand
Eiskalt im Promille ertränkt

Die Guten haben es genossen
Die Hoffnung im Crémant versänkt

Kapitel II

Kalt

Eiskalt und verroht
Wo Hoffnungen der Abgrund droht

Wo Bitterkeit die Segel setzt
Zweifel aus der Seele ächzt

Der Rausch die Sinne einverleibt
Immer weiter in die Ecke treibt

Wenn nichts sich mehr dagegen stemmt
Die Augen zu, das Herz verbrennt

Einsamkeit

In Mitten einer Festlichkeit
Voll Alkohol und Lust
Die Versuchung nur so um sich schlägt
Leidlich nah dem Überdruss

Das Verlangen und die Sehnsucht
Nach mehr als nur dem Schein
Eingehüllt in ein unsichtbares Schloss
Bleibt letztlich nur die Einsamkeit

Schlaflos

Schlaflos
Immer und immer wieder
Von fast allen Kräften verlassen
Ersehne ich weiter jeden Moment
Die unterbewusste Ruhe, sie zerrt an mir
Aber ungewollt gewinne ich auch diesen Kampf
Unaufhörlich treibt es voran
Der Anführer einer inneren Revolution
Eisern den Pfad der Hoffnung entlang
Gefühllos nun zu lange schon
Zu oft gefallen
Der Abgrund tief sowie die Angst
Ob diese Wege nun ergründlich sind
Wo gehe ich hin, wo komme ich an
Nicht mehr Herr eigener Sinne
Wo Zweifel sich mit Zukunft misst
Ist das Ziel der Revolution
Das Träumen nicht mehr nötig ist

Der Prinz

Ein glitzerndes Sein
Voll Leben und Freude
Ein lustvoller Schein
Getarnt die blühende Reue

Ein goldener Prinz
Er reitet der Wege
Zu retten ersucht
Das doch so einsame Ich

So gibst du dein Selbst
Um zu finden das Glück
Vergessend aller Exzesse
Das Herz zur rechten Stelle gerückt

Doch Liebe ist keine Religion
Sie ist Hoffnung die schnell zerbricht
So bleibt nur das Warten auf den Prinzen fürs Leben
Denn eins kann ich dir sagen, ich bin es nicht

Blume

Geh
Geh hinfort
In einsame Wälder
In rot blühende Felder
Wo Sonnenstrahlen in Lichtungen
Erleuchten dir Pfade in alle Richtungen

Auf rankenden Wegen
Nach Endlichkeit sich sehnend
Eine Blume tut sich regen
Neigt sich, schaut verwegen
Im blendend grellen Licht
Sie guckt dich an, doch kennt dich nicht

Offene Liebe

Offene Liebe
Gleich zwei davon
Nie zu Ende gebracht
Nie zu Ende gefühlt

Für einen wird sie zur Qual
Für zwei zur Freude
Für alle aber irgendwann
Zur einzigen Gewissheit

Ist die Entscheidung mal getroffen
Sind andere Gefühle fest verschlossen
Und es ist nun folglich ungewiss
Ob sich diese Türe wieder öffnen lässt

Schach

Mach deine Eröffnung
Doch gib mir Schutz
Und gib mir diesen einen
Lang ersehnten Kuss

War für dich nur eine Figur
Wollte König sein, dir treu ergeben
Doch stehe ich nun als Bauer da
Auf dem Schachbrett deines Lebens

Springer auf C4
Du hast mich geschlagen
Gebrochener Stein
Das Herz zermahlen

Hatte alles gesetzt
Auf den zweisamen Gewinn
Ich war doch dein König
Du, meine Königin

Verzweiflung

Verzweiflung
Die Rache der Verletzten
Aus Liebe wird Hass
Auf Freundschaft folgt Entsetzen

Was man gerade noch geliebt
Wird nun verachtet
Ein unumgänglicher Trieb
Der Verstand entmachtet

Alles Gute ist vorbei
Eigentlich war es nie gut
So ließ er mich doch allein
Herr vergib ihm nicht, er wusste was er tut

Vertraute sagen anderes
So seine Gründe nichtig
Er hat mit Sicherheit gelogen
Alles Gesagte nicht mehr wichtig

Die Bitterkeit
Der Brechreiz der Seele
Nun musst du verstehen
Dass ich jetzt gehe

Aug in Aug, das geht nicht mehr
Zu viel ist im Argen
Positive Gedanken fallen schwer
Wenn nur eines und nicht mehr beide Herzen schlagen

Sein

Ich rede gegen eine Wand
Eine aus Gedanken nicht aus Stein
Du widerst mich an
Lebst in einer Welt, sie ist lediglich dein

Versuche ich doch dich zu lieben
Schaffe ich es nicht
Hast mich lange schon vertrieben
Will dich aus dem Kopf, will dich aus der Sicht

Kann mich nicht weiter so verstellen
Will endlich finden einen tieferen Sinn
Nicht mehr nach all diesen Idealen streben
War nie was du brauchtest, war nie der, der ich bin

Bitterkalt

Der Sommer hat den Kampf verloren
Die letzten Strahlen eingefroren
Kurz der Tag und lang die Nacht
Hat sie mich um den Verstand gebracht

Zu zweit will ich nun Zeit verbringen
Wärme, Freude, Lieder singen
So singe ich so laut ich kann
Doch Worte kommen nicht mehr an

Denn was im Sommer hat gestrahlt
Ist jetzt schon bitterkalt
Die Dunkelheit sie schlägt umher
Ich sehe sie nicht mehr

Jetzt lehne ich an kalten Scheiben
Lasse suchend meine Augen treiben
So habe ich mich selbst brüskiert
Und merk nicht wie mein Herz erfriert

Lust

Ich liebe dich
Du liebst mich nicht
Für mich Erlösung, für dich die Qual
Lass mich leben, sei mir nah

Einverleibt und unverdaut
Zahnlos auf der Seele kaut
Die Sehnsucht die am Körper bricht
Ich begehre, doch ich fühle nicht

Hilf mir nicht und lass mich sein
Körper schwach, die Seele rein
Am Tunnelsende brennt kein Licht
Komm zu mir, ich sehne mich

Schwankend auf dem Stacheldraht
Dem Boden fern, dem Himmel nah
Zu gierig nach dem Glück gestreckt
Bin ich an meiner Lust verreckt

Entzweit

Ich wandele am Abgrund
Des Herren Sünden nie vergeben
Ein Fuß vorm finalen Ende
Ich will mich dies einzig mal ergeben

Ich kann es nicht ertragen
Bitte lass ihn mich nicht finden
Obwohl so einsam
Will ich doch entschwinden

Mein Herz zerreißt
Meine Seele entzweit
Du hast es gewollt
Mein Herz geteilt

So lass mich weinen
Ich hab es verdient
Will ich ewig leiden
In zwei Menschen verliebt

Perfektion

Du warst nie perfekt
Sah dich vorher nie in meinen Träumen
Bist zu bunt, bist manchmal laut
Viel älter, aber doch irgendwie nicht

Du ziehst dich komisch an
Deine Stimme ist zerkratzt
Und dazu noch tätowiert
Auch wasserstoffblond habe ich immer gehasst

Passt in keine Box, in kein Ideal
Kennst den Weg auch nicht beim dritten Mal
Rauchst und trinkst und das hochfrequent
Bist ein viel zu guter Mensch

Auf der Suche nach Perfektion
Fand ich schließlich dich
Und habe gelernt, dass all das
Für mich das Schönste ist

Es zerrte immer mehr an meinem Herz
Ist doch so viel das mir blieb
Wollte nicht mehr ohne
Hab mich in dich verliebt

Rebellion

Meine Rebellion
Gegen alles
Gegen euch

Gegen Anstand und Verstand
Gegen Eitelkeit und Penetranz
Gegen Schönheit und Bedeutung
Gegen Liebe und Erleuchtung

Gegen Status und Symbol
Gegen Überheblichkeit und Hohn
Gegen alles nur nicht dich
Ich bin du und du bist ich

Selig

Die Nacht schon alt, der Schlaf sitzt tief
Sitze ich da und spiele ihr ein Lied

Von Ton zu Ton die Augen kleiner
Zugedeckt ist sie und ohne Kleider

Fliegt sie schon zu fernen Träumen hin
Lege ich mich dazu und küsse ihre Stirn

Hafen

Ist es unfair oder ist es wahr
Ich hab gelitten, ich hatte Qualen
Auf allen Wegen die ich ging
Kam ich zu dir und blieb da häng

Du machst es leicht und gibst mir viel
Muss nichts mehr tun fürs Wohlgefühl
Streichelst gern, verschenkst einen Kuss
Leichtigkeit und Überdruss

Nährboden für Heiterkeit
Befriedigung zu Lust gedeiht
Wo Liebe jeden Tag will siegen
Lernt der Alltag weinen, die Sehnsucht fliegen

Doch beim Fliegen sich der halt verliert
In der Höhe oft ein Traum erfriert
So merke ich und stelle fest
Dass du mein einzig endlos Hafen bist

Die Reise

Der Weg als Ziel hier nicht der Sinn
Ist doch das Ende die Erlösung
Der Weg mal traurig, mal voll Lust
Mal voll Sehnsucht, mal voll Frust
Doch es zu erreichen gedenkt ein jeder

Die Angst dies nicht zu tun, sie schmerzt
Sie lähmt den Geist, sie lähmt das Herz
Einmal anzukommen geglaubt
Zum Mensch erwacht
Meistens doch schnell vorbei
Aus Tag wird Nacht

Karten gibt es nicht, kein Licht das führt, kein Pfad ge-
zeichnet
Gibt es Bestimmung oder jemanden, der entscheidet
Diese Frage bleibt bestehen
Wie die Furcht allein von dieser Welt zu gehen

Kapitel III

Weg nach Hause

Der Weg so kurz doch ungreifbar
Der gewohnte Inhalt nicht mehr da
Ohne Freund und Klang zu später Zeit
Ist der eiserne Marsch das größte Leid
Verlernt die Kunst des Einsamseins
Ist das Alleinsein schlicht Unendlichkeit
Weiter, weiter, immer weiter
Die nasse Luft der einzige Begleiter
So macht sich schnell die Einsicht breit
Am schönsten läuft's sich halt zu zweit

Hass und Liebe

Ist es Hass, dass ich wütend bin
Enttäuscht und irritiert
Ist es Hass, dass ich bekehren will
Wenn Zorn das Herz erfriert

Ist Feigheit Ignoranz
Ist Zurückhaltung auch Mut
Hat Risiko einen Wert
Macht es krank oder tut es gut

Man kann nicht mehr erziehen
Das Ziel nie klar in Sicht
Würde mir wünschen es wäre einfach
Hassen ist es, lieben nicht

Erfahrung ist nicht käuflich
Meinungen verquer
Wenn man keine eigne hat
Ist vorangehen meistens schwer

Ausbrechen aus der Höhle
Das muss ich und das musst du
Hass und Liebe eng zusammen
Gehören zur Freundschaft schlicht dazu

Gekämpft

Hast du je gekämpft
Hast du je gesiegt
Hast du je geträumt
Hast du je geliebt

Glaube stürzt die Wirklichkeit
In Schlösser und Ruinen
Und was nicht gebrochen wird
Wird nie in Scherben liegen

Ausreden der Hoffnung Feind
Wie Vögel in Turbinen
Doch wer niemals springt
Wird auch nie lernen zu fliegen

Die Zukunft liegt in deiner Hand
Bewegen oder liegen bleiben
Wenn du nicht deinen Stift bewegst
Wirst du auch nie Geschichte schreiben

Leichtigkeit

Wir haben viel erreicht
Ohne was zu wollen
Fingen an mit nichts
Und lernten zu träumen

Spielen, trinken, feiern
Auf Erfolge folgten Ziele
Suchten nicht mehr nur die Freude
Sondern Lösungen für Probleme

Je länger man läuft
Umso näher kommt das Glück
Getrieben von der Hoffnung
Blieb die Leichtigkeit zurück

Die, die uns einst den Weg erst wies
Sie lies uns lieben, lies uns rennen
Und wir haben nichts erwartet
Konnten nur gewinnen

Ernsthaft und konzentriert
Stehen wir so kurz vor unserem Ziel
Unbekümmert hergekommen
Ab jetzt nur noch mit Strategie

Wo die Freude in Reihen steht
Brannten einstmals rote Lichter
Nach und nach erlischt das Feuer
In ausdruckslosen Gesichtern

Krank

Eine Krankheit keimt auf
Sie frisst und gedeiht
Im eigenen Körper
Ungreifbar und weit verzweigt

Wo Glück sich in die Seele brennt
Macht Zukunft krank, macht Alltag blind
Wo Zweifel gedeiht, man oft vergisst
Wofür man lebt und wer man ist

Freude ist Revolution, ein täglicher Kampf
Wer ihn nicht kämpft, zum Tod verdammt
Wer leben will muss es versuchen
Sich's täglich ins Gedächtnis rufen

Die Idee

Du hast eine Idee
Ich weiß es besser
Ich sag dir was
Doch du verstehst es nicht

Die Gedanken gefangen
Im gläsernen Ich
Der Himmel so klar
Die geistigen Wolken versperren den Blick

Ein erregender Tropfen
Gepflanzt durch ein höheres Ich
Egal der eigentliche Ursprung
So die Ideen verselbständigen sich

So groß der Drang
So groß die Gier
Am Ende gewinnen alle
So diesen Erfolg, den gönne ich dir

Ins Verderben

Laufen wir sehend ins Verderben
Schmeißen den Sand in unser Getriebe
Oder Sitzen wir im Glashaus
In unseren eigenen Scherben

Müssten wir es nicht besser wissen
Laufen wir doch ganz bewusst
In einen Kampf, den es nicht mehr gibt
Wollen die Flagge auf einem leeren Schlachtfeld hissen

Hinter den Bergen wartet der Feind
Ganz leise und versteckt
Gesehen haben wir ihn doch schon
Sehr wahrscheinlich, naja eher vielleicht

Zwischen Übermut und Furcht
Einnehmend einen Platz im Königreich
Zurück geht's sowieso nicht mehr
Also Augen zu und durch

Abendleitung

Entschuldigung hier komme ich
Durch stählerne Massen
Bahnt sich den Weg
Der eiserne Mann mit Lächeln im Gesicht
Zu kühl und arrogant
Ist es eigentlich nur Freundschaft
Im harten Gewand
Wichtigkeit und Respekt
Ein kleines Hallo, da ein freier Sekt
Die Liste unterschrieben mit seinem Namen
Niemand stellt hier dumme Fragen
Im Bild gefangen frage ich mich
Ist das Liebe oder Image das da spricht
Doch hat man ihn einmal im Arm
Ist es nicht das, was man von solchen Leuten kennt
Schlägt doch ein goldener Geist
In einem herzensguten Mensch

Für einen Freund

Mein Freund
Du mein Gefährte
Mein Versteher
Meine Stärke
Mein Ton
Mein Licht
Mein verstehendes
Musikalisches Ich

Du Inspiration
Die Erfüllung
Du lieber Mensch
In einer vertrauten Hülle
Du liebender Mann
Du soziales Genie
Die Motivation
Vertraut und lieb

Freundschaftliches und musikalisches Geschick
Mein Freund, ich liebe dich
In ewiger Treue
Vereint in nicht erfüllten Träumen
Die Zeit vergisst dich nicht
Weder die Anderen, noch ich

Zusammen

Ich rede
Ich rede zu viel
Weil es blüht
Weil es blüht in mir

Teilen will ich
Teilen will ich mit euch
Hoffe, dass ihr versteht
Hoffe, dass ihr wollt

Die Idee ist gut
Die Idee könnt was werden
Alleine schaffe ich das nicht
Alleine wird sie sterben

Motivation ist Wille
Motivation ist kein Talent
Man muss es nur machen
Man muss es nur können

Aber mir fehlt die Kraft
Mir fehlt die Zeit
Nur mit euch hab ich den Mut
Nur zusammen kommen wir weit

Kapitel IV

Glanz

Was täglich nicht zu glänzen scheint
Erblüht im Licht der Sterblichkeit

Was ich bin

Höher, schneller, weiter
Immer Erster niemals Zweiter
Jubelnd zu den Leuten winken
Im eigenen Stolz ertrinken
Rennen, springen und freuen
Ja, das wollt ich sein

Im Anzug fein frisiert
Clever man die Welt regiert
Überall man Reden schwingt
Die Leute stur zur Urne zwingt
Krösus in erlauchten Reihen
Ja, das wollt ich sein

Viel besser noch im eigenen Flieger
Im Hintergrund der Strippenzieher
Größter Stuhl der Chefetage
Wenig Einsatz, größte Marge
Die Welt von ihrem Geld befreien
Ja, das wollt ich sein

Singend auf den Bühnen stehen
Die Leute schreiend, die Erde bebend
Tausende rufen deinen Namen
In dieser Menge wollt ich baden
Auf Platz 1 in die Charts hinein
Ja, das wollt ich sein

Füller vieler leerer Seiten
Den Pfad der Erleuchtung selbst beschreiten
Denker, Schreiber und Poet
Pseudointellektuell und selbstverliebt
Stammgast im Regal daheim
Ja, das wollt ich sein

Und wär die Zeit nicht schnell am Zug
Könnt' ich all das auch noch tun
Immer auf dem Pfad zum Ruhm
Sehe ich mir beim Scheitern zu

Alles machen kann man nicht
Wohl dem, der daran nicht zerbricht
Doch letztlich wird mir eines klar
Am Ende ist es auch egal

Denn gleich was ich nun machen werde
In 50 Jahren begräbt mich Mutters Erde
Irgendwann muss jeder gehen
Drum sollt ich mich nicht all zu wichtig nehmen

Nächtens

Lang ist sie
Die Ansammlung der Begierde
Ich will ihn unbedingt
Den Eintritt ins Paradies
Der Ort an dem die Sinne überfluten
Gleichzeitig abhanden kommen
Hier, wo Reiz zu Trieb
Lust zu Ekstase
Und Zweifel zu Macht gedeihen
Sein oder Ich sein ist hier die Frage
Doch wenn der erste Sonnenstrahl den Geist erblickt
Und das Tor zur temporären Unendlichkeit sich schließt
Ertönt der Klang des Endlichseins
War das alles nur geträumt

Ich gehe nach Haus

Die Zeit

Tick, tick, tick
Sie schreitet voran die Zeit
Unaufhörlich
Der reißende Bach
Der gelebten Momente fließt vorbei
Unaufhaltsam
Die Konstante Eruption des nicht Verarbeitbaren
Einmal den Gipfel erreicht
Vor dem Abgrund stehend
Ist es ungewiss
Ob die bessere Wahl wieder runter gehen
Und weiter machen
Oder einfach hineinfallen ist

Gewitter

Ein Schrei erschüttert die Nacht
Tausende Schläge lassen Haut und Haar erzittern
Die kurze Erleuchtung der göttlichen Macht
Gezeichnet das Land durch tausende Splitter

Soldaten und Bauern, sie fliehen in Angst
Schreiend in Panik rennen sie Heim
Während draußen das Feuerwerk tanzt
Erinnert uns der Herr mit aller Macht ans Endlichsein

Doch die Splitter, sie schneiden nicht
Das Feuer ganz und gar kalt
Die göttliche Erleuchtung nur flackerndes Licht
Die Gewalt des Zorns am Fenster zerprallt

Am nächsten Tage einsam und allein
Strahlend lächelnd bringt sie das Glück
Scheint die Sonne die all umfassende Macht zu sein
Weist den Herren in seine Schranken zurück

Und so überraschend und heftig es kam
So ging es auch geschwind
Am Ende reicht es, um uns zu erinnern
Wie klein und nichtig wir eigentlich sind

Erleuchtung

Es dreht sich im Kreis
Ich sitze einfach da
Es fliegt nur so vorbei
Ohne Fortschritt und Erinnerung

Angst ist längst fort
Gewaltsam wurde sie entrissen
Es ist eher Resignation
Bei seelisch gefesseltem Tatendrang

Das Streichholz im Schatten der Sonne
Brennt einsam und allein
Doch ist es der Beginn einer Revolution
Es bringt Erleuchtung, wo die Sonne nicht scheint

Eine Stimme

Was eine Stimme bewegen kann
Sind nicht nur Worte
Ist mehr als Gefühl
Was ein Text bedeuten kann
Ist alles und nichts
Doch gerade bedeutet er viel

Friedlich und gemeinsam
Hell und erleuchtet
Einer von vielen
Doch alles vereint

Keine Berührung
Wo alles bewegt
Eine Seite, ein Schlag
Hier draußen erklingt es
Wo alles ist
Durch Knochen und Mark

Wenn der Boden bebt
Im Meer der Glückseligkeit
Ein Ort der Frieden bringt
Von Vorurteil und Hass befreit

Augen zu

Herr Gott verschone mich
Lass mich das nicht erleben
Wenn du vergibst in dieser Schlacht
Will ich nicht kämpfen, mich nur ergeben

Erlösung ist dein gutes Recht
Befreiung nur mit deinem Segen
Ich will nicht zuschauen und nicht leiden
Werde nicht fragen, nicht verstehen

Du gibst uns Fügung
Du gibst uns Sinn
Du schreibst Geschichte
Meine Furcht ist dein Gewinn

Es gibt kein Hinterfragen
Gebete und Vertrauen
Den richtigen Weg zu finden
Mit fest geschlossenen Augen

Gold

Der erste Schein trügt
Seid ihr doch alle gleich
Strahlend wie das Licht
Glitzernd wie die Hoffnung
Doch sehe euch ins Gesicht
Absolute Traurigkeit

Eine weinende Sonne
Der heilige Gral
War nicht der schönste Krug der Tafel
Du nahmst den glänzenden
Die falsche Wahl

Und du wirst putzen und polieren
Weil du nichts anderes kennst
Lässt dich von Idealen leiten
Von Wertigkeit verführen
Doch irgendwann wirst du's begreifen
Es ist am Ende doch nicht alles Gold was glänzt

Früher

Früher war es mir wichtig
Wollte jedem gefallen
Dachte nie etwas Böses
Sagte Ja und Amen zu allem

Je älter ich werde
Ist es ist nicht mehr diese innere Qual
Sag und denk doch was du willst
Es ist mir wirklich scheiß egal

Gott

Ich bin Gott
Der Versteher
Der Zerbrecher
Der Erlauchte
Der Vollstrecker
Die Sünde
Die Erleuchtung
Die Bürde
Die Rechtfertigung
Die Liebe
Der Hass
Das Leid
Der Spaß
Das Gute
Die Erlösung
Das Verruchte
Krieg und Versöhnung
Die Erde
Das Wasser
Der Himmel
Das Feuer
Der Alltag
Der Trott
Die Hoffnung
Ich bin Gott

Auf hoher See

Auf einem Schiff gen Osten
Das Ziel noch nicht in Sicht
Über Täler und Berge
Wo blau-weißer Zorn
Verglüht im gelben Licht
Am lieblichen Horizont

Leid und Verzweiflung
Findung und Heilung
Dreck und Hass
Glück und Spaß
Liebe und Erfolg
Kohle und Gold

Sonne und Mond im Rollenspiel
Hoffen und Warten aufs letzte Ziel
Die gold schimmernde Hoffnung
Auf die finale Erlösung
Auf das anhaltende Glück
Die Belohnung für all den Mist

Doch der Aufbruch ist lange her
Alles passiert, Träume verjährt
Und wer den Weg hat nur beschritten
Fürs letzte Ende und alles dafür erlitten
Holt das Gelebte niemals mehr zurück
Und versinkt im Meer, nicht im Glück

Der Tod

Ich atme den Tod
Langsam und ganz fein kriecht er rein
Legt sich nieder und macht sich breit

Zieht mich runter
Befriedigt mich, doch macht mich krank
Belastet mich, doch regt mich an

Ich kämpfe dagegen
Versuche ihn zu relativieren
Mich zu erlösen, nicht zu begehren

Immer und immer wieder
Lass ich mich herab ins eigene Loch
Ich will es nicht und tue es doch

Kapitel V

Ein verlassener Ort

Der Himmel blau und traurig
Die Wiese grün und schwer
Unbekannte Nachbarn
Die Häuser scheinen leer

Die Menschen ruhig und selig
Die Sünden sind erlassen
Kein Blick der einen würdigt
Weil Hoffnungen verblassen

Kein Lächeln, kein Hallo
Doch innerlicher Frieden
Ein stummer Monolog
Auf zerbrochenen Schienen

Blumen stehen gemeinsam
Wenn sie jemand lässt
Farbenfroh doch einsam
Weil niemand sie benässt

Kein Schloss und keine Schlüssel
Kein Dach über dem Kopf
Unter strahlend blauem Himmel
Regen auf die Wange tropft

Und wenn ich neben dir liege
Nie Antwort auf die Fragen
Auf einer grünen Wiese
Nur ein Schild kennt deinen Namen

Nasser Sand

Einsamkeit
Kein bisschen Fröhlichkeit
Leer durch volle Straßen laufen
Ich erzähle mein Leben im dunklen Raum

Einsamkeit
Der Abgrund der Menschlichkeit
Viel zu viel geliebt und doch allein
Auf den Straßen der gefühlten Unendlichkeit

Einsamkeit
Das Echo meiner Worte
Anzukommen gesucht, doch nur zerschellt
Die Zeit, die Hoffnungen in Ketten hält

Einsamkeit
Eine kalte Umarmung
Nichts mehr, dass noch Freude weckt
Bis der nasse Sand den Geist bedeckt

Der See

Still und starr ruht der See
An dem du gerade liegst
Wunderschön wie eh und je
Träumend in andere Welten fliegst

Nur bei dir wollt ich grad sein
Wochen nicht gesehen
Auch wenn du schläfst ein goldener Schein
Immer werd ich bei dir stehen

Alles können wir uns geben
Niemals lässt man sich im Stich
Nur deine Augen will ich jetzt nicht sehen
Berühren werde ich dich nicht

Friedlich sollst du ruhen
Mein Bild vor Augen klar und schön
Ich könnt dir jetzt nichts Gutes tun
So reicht es mir dich anzusehen

Ein letztes mal im Angesicht
Herab ich fall im tiefen Sog
Mit einem harten Stich das Herz zerbricht
Denn der See ist nicht blau, er ist blutrot

Eine Rose

Kalte Augen
Und glasige Hände
Verblichene Trauben
Tropfende Wände

Staubige Gardinen
Gebrochener Sessel
Trübe Vitrinen
Die Luft gefesselt

Erstummte Türen
Verblasster Ton
Worte erfrieren
Ein verlassener Thron

Ein Bild verdirbt
Letzter Wein im Glase
Eine Rose stirbt
In weinender Vase

Zerbrochen

Ein lautloser Schrei
Traurig und allein
Vom Himmel herab
Stürzt ein Engel zu Boden
All der Glanz, all die Schönheit
Sie liegt in Asche
Doch ein Phönix steigt nicht empor

Jahrelang gewollte Sinnesüberflutung
Schmerz das Einzige was den Hunger stillte
Ein Stellvertreterkrieg begann
Sie werden es schon richten
Sie lassen mich zumindest in Frieden

Freudelose Ekstase
Tiefe Risse ohne Wunden
Ein schlagendes Herz
Ohne Licht in den Augen

Ich muss es erleben
Aufhalten kann man mich nicht
Frieden kann ich sonst nicht finden
Ich will den Schmerz im Angesicht

Gewillt der teuflischen Versuchung zu widerstehen
Suche ich nach Licht
So will ich ihn besuchen
Den Ort, an dem ein Engel zerbricht

Beerdigung

Die Kirchenglocken läuten
Hundert Leute schwarz und fahl
Wenn alle Finger auf mich deuten
Will ich alleine sein im letzten Saal

Du warst ein Engel
Liebtest Engel
Und alle die du liebtest bekamen einen Engel
Und mit ihnen sitze ich einher

Doch teilen kann ich nicht ihr Leid
Gefangen in meiner Trauer
Bin ich ganz und gar allein
Unsere letzten Stunden von kurzer Dauer

Größte Achtung gilt nun dem
Der eisern seine Worte spricht
Sieht er doch sein eigen Seele gehen
Liebe und Einsicht, der Titel vom letzten Gedicht

Erheben tun sich alle nun
Geliebt wurdest du immer
Jetzt nur noch in letzter Ruh
Doch im Herzen gehst du nimmer

Zitternd kalt der letzte Weg
Den nur du heute wirst ebnen
Lautlos auf die Wiese geht
Die Asche deines Lebens

All die Liebe, all die Freude
Die Zeit, die ich genießen durfte
Alles, was du jemals warst
Liegt brach in einer Urne

Abgang

Jetzt bin ich da wo du immer warst
Am Abgrund
Ich fühle es
Den Wunsch zu gehen

Den Drang zu entflüchten
Augen zu und los
War ich immer der Grund nicht zu gehen
Bin ich der Einzige, der es nun versteht

Aus einem lauten Schrei
Wird innere Resignation
Ein allerletztes Mal auf die Bühne
Jubelnde Stille, stumme Ovationen

Ganz oben

Ich wollte immer nach oben
Ich habe es immer gesagt
Du hast es immer verstanden
Warst immer für mich da

Sonst nur Hohn und Spott
Oder mangelndes Vermögen
Sie verstehen es nicht
Wenn ich sage, ich bin Gott

Du schaust nur noch zu
Und drückst die Daumen
Bist doch immer da
Obwohl es nicht das ist, was wir immer wollten

Ich gehe auch ohne dich
Und wenn sie nicht folgen sollten
Sehen wir uns da oben
Weit über den Wolken

Stimme

Weingetränkt sitze ich am Fenster
Der Schmerz schmeckt salzig
Ein kleiner Riss in der Brust
Ein schwarzer Punkt im Auge

Nichts ist klar so wie der Himmel
Durchsichtig und ewig weit
Schwarz wie ein Grab
Leuchtend wie die Erlösung

Deine Erinnerung wie eine Sternschnuppe
Aufregend und voller Glück
Auch wenn von ihr die Hoffnung entspringt
Habe ich Angst zu vergessen, wie deine Stimme klingt

Geliebt

Gerade gesehen und schon verliebt
In den Arm genommen, fest gedrückt
Ein warmer Blick aus weichen Augen
Ein Engel gebend, selbst gestrickt

Am Weinglas eine Freudenträne
Endlich da, nach all dem Streben
Das vom Anderen erlebte Glück
Die Erfüllung des eigenen Lebens

So oft erträumt, doch niemals da
Warst du doch weg bevor sie kam
Ich wünsch dich bei mir Tag für Tag
Und hoff, dass du uns sehen kannst

Die Hoffnung soll unendlich sein
Auch wenn's dich zu den Engeln trieb
Und du's mir nicht mehr sagen kannst
Du hättest sie geliebt

Kapitel VI

Die Höhle

Eines Abends treibt sich rum
Der Dichter in Erinnerung
Eine Höhle voller Malerei
Schwach beleuchtet, weit verzweigt
So will er hier die Wahrheit suchen
In ausgeblichenen Hieroglyphen
Doch auch im batteriebetriebenen Licht
Verzweifelt er guckt, sehen tut er nichts
Die Erinnerung blüht und in Gedanken versunken
Hat er niemals mehr herausgefunden

Der kleine Schmerz

Immer wird es so sein
Es beginnt mit einem kleinen Schmerz
Frisst sich immer tiefer rein
Zerbricht erst Kopf und dann dein Herz

Sucht

Finger kauend und Schweiß betropft
Drücke ich komplett bekloppt
Wie wild auf meinen Tasten rum
Auf der Suche nach Befriedigung

Tausend Namen, eine Liste
Wenn ich nur das Passwort wüsste
So stelle ich verzweifelt fest
Dass sich keines knacken lässt

Wenn ich nur eins finden würde
Ohne programmierten Keuschheitsgürtel
Dann wäre schon der Tag gerettet
Mental ans weite Netz gekettet

Nur treibt mich dann die Frage rum
Was will ich eigentlich damit tun
Ich könnte auch nach draußen gehen
Essen oder Freunde sehen
Nur reicht die Gedankenwelt gerade nicht so weit
In meiner mobil-menschlichen Zweisamkeit

Auf dem Schiff

Leere und unendliche Weite
Auf die sichtbare folgt die innerliche
Eine einzige Straße des Lichts
Dann endet sie und steigt empor
Alles und Nichts
Optisch, gedanklich sowieso
Ungreifbar viel Tiefe und Dunkelheit
Doch auch Leben und Licht
Alles liegt einfach nur da, glatt und ruhig
Gehalten von einer zerbrechlich schimmernden Schicht

Philadelphia

Die Straßen liegen ruhig und leer
Das gleiche Haus immer und immer wieder
Die Türen bunt, die Farben nicht
Ausgebrannt, die Beine schwer

Meter um Meter gerannt
An jeder Ecke neue Geschichten
Lampen gehen aus und an
Allein in die stille Nacht verbannt

Hier und da ein kurzes Wort
Da hinein, sofort wieder raus
Wie die Sirenen in der Ferne
Sind die Gedanken an einem anderen Ort

Weit gekommen, um hier zu sein
Steht die Realisation noch am Schalter
Warten kann ich nicht auf sie
Jetzt sitze ich nun doch allein

Die Wege unendlich, die ich hier sah
Keine Namen mehr, nur noch Zahlen
Am Straßenende die Türme leuchten klar
In den Straßen von Philadelphia

Der Berg

An einem großen Berg
Ein wunderschöner Fels
Groß und mächtig
Auf seinem Thron

Über ihm eine Schneise der Macht
Einer höheren Gewalt
Die ihn hier hin bewegte
In die vermeintliche Endgültigkeit

Doch jede Träne, jeder Seufzer der Zeit
Zerrt beharrlich am steinernen Thron
Einsam an der Spitze, doch immer in Angst
Ob nicht die Tiefe ihn irgendwann an sich reißt

Stammtisch

In gewohnten Umgebungen
Verfällt der Mensch immer wieder
In die gleichen Muster

Selbst mit Zielen und Ideen
Und mit klarem Geist
Motiviert und bewusster

Wird es niemals anders sein
Deshalb muss man ausbrechen
Räumlich und gedanklich

Sich nicht immer wieder fallen lassen
An den vertraut-gedanklichen Stammtisch

Dort wo die Ideen
In immer gleichen Bahnen
Mit dem immer gleichen Schnack

Sich wie Unkraut vermehren
Braucht es ein Gewitter
Und ein gut gemischtes neues Blatt

Das goldene Tor

Schick gekleidet steigt empor
Die Gottesgleichheit vorm goldenen Tor
Gefürchtet und verehrt
Nur er den Eintritt ins Paradies verwehrt

Der letzte Draht vom Fahrstuhlseil
Der Augenblick vorm freien Fall
Eine Spiegelung im Holz verseilt
Seele, Herz und Kopf geteilt

Rollend durch gebannte Menge
Spannen sich die nächsten Stränge
Während klagend, leidend und geniert
Er kopflos nun hinfort marschiert

Nach und nach der schwere Gang
Aufs Podium vorm schwarzen Mann
Gefürchtet und verehrt
Nur er den Eintritt ins Paradies verwehrt

Letzter Zug vorm goldenen Schuss
Hochgefühl im Überdruss
Der Gang auf einmal ungeniert
Stolz und Ego gold verziert

Eröffnet sich die glänzende Straße
Im Himmel selbst die Beletage
Mit Stil kann man für Stunden nun
Der inneren Hoheit Buße tun

Ab und zu der Blick zum Tor
Tritt bei Zeiten Ihre Majestät hervor
Gefürchtet und verehrt
Nur er den Eintritt ins Paradies verwehrt

Ungeniert

So standen sie in Massen
Rieben sich die Augen und klatschten

In dem Glauben, er würde scheitern
Feuerten ihn an während sie lachten

Unmöglichkeit wird definiert
Grenzen physikalisch, alles andere unprobiert

Sie waren weise und versiert
Er zu dumm und ungeniert

Der Sprung unmöglich, viel zu lang
Erst springt er los und segelt dann

Klanglos Richtung Untergrund
Hätte er's doch nur gewusst

Das tat er nicht und rannte los
Einsam ins Verderben

Der Blick gespannt
Getose in den Logen

Doch er wusste nicht, dass es unmöglich war
So sprang er los und landete auf sicherem Boden

Autobahn

Stille Nacht, einsame Nacht
Leblose Gesichter
Die Zeit relativ, je nach Geschwindigkeit
Ruhe, außer der vierzylindrige Klang der Freiheit
Er ersetzt den fehlenden körpereigenen Antrieb
Man funktioniert, mehr auch nicht
Allein die Anziehungskraft des in der Ferne liegenden
Ungewissen treibt
Zeit für Austausch, denkt man
Doch trennt der faradaysche Käfig alle sozialen kontakt-
versuche
Es bleibt ruhig
Stille Nacht, einsame Nacht

Der Dichter

Ein Dichter sitzt in später Nacht
Weil er sich Gedanken macht
Über Dinge die nicht sollen verschwinden
Sich schlaflos durch Synapsen winden
Sie wollen ihn nicht schlafen sehen
Bis sie schwarz und weiß auf Seiten stehen

Zum Geburtstag

Heute ein besonderer Tag
An dem dich jeder sprechen mag
Viele Grüße und viel Glück
Nette Gesten, oft gedrückt

Doch Nächte werden gelebt
Bücher gelesen
Blumen verwelken
Bilder vergilben

Materielles nicht von Wert
Ist es irgendwann zu alt
Egal wie sehr wir wollen
Löst sich am Ende doch der Halt

Doch nach allen Zeiten
Sind es Erinnerungen, die uns tragen
Oftmals nicht realisiert
Schleichen sie ganz ungeniert
In die geistige Ewigkeit

So sind es alle Tage, alle Stunden
Alle an der Bar bestellten Runden
Jeder noch so kleine Moment
Der sich heimlich in die Seele brennt

So wollen wir davon viele haben
Voll Freude und voll Zärtlichkeit
Drum schenke ich von ganzem Herzen
Meine Liebe und unbegrenzte Zeit

Kapitel VII

Der Sprung

Verzweifelt versucht
Nach Erlösung strebend

Herzschlag singend
Der Lust ergeben

Die weitere Welt
Der vergessende Geist

Bilder verwischen
Der Blick entgleist

Ich renne an
Ein steinerner Wall

Ein kurzer Sprung
Ein langer Fall

Erloschen

Junge Jahre, schwerer Geist
Eine Seele liegt gefangen
Wo Erwartung sich mit Zeit vergnügt
Kein Wind mehr weint, ein Herz verzagt

Vernarbte Liebe, alte Tore
Ausgehängt, kaputt doch grün
Gefühle sich an Gittern ranken
Verblasstes Urteil, ungesühnt

Schweißgetränkt der Stolz erwachet
Ergrauter Tag, gelebte Nacht
Der letzte Wein im großen Saal
Das letzte Streichholz zart entfacht

Es flackert leise und gewichtig
Funken spiegeln im Gesicht
Vom Herze fest umschlossen
Den Blick verloren, das Licht erlischt

An der Bar

Im matt-scheinenden Licht
Mit schmerzbetäubenden Drinks
Sitzt die gebrochene Seele

Einsam zum erlösenden Tor
Durch des Barkeepers linkes Ohr
Offenbaren sich des Herzens Wege

Der Seele Leid in Karton verpackt
Aufgeweicht und über der Bar zerkracht
Doch ich steh dazu so wahr ich lebe

Hier will ich klagen, hier will ich sein
Nur für einen Moment die Seele rein
Auch wenn es das letzte Hemd ist, das ich gebe

Der Tiger

Ein wilder Tiger eingefercht
Im goldenen Käfig
Tage schon läuft er auf und ab
Seelenruhig

Nur das Flackern in seinen Augen
Wild tobende Flammen
Ein zitternder Boden
Über einem bebenden Vulkan

Immer und immer wieder
Steht er in der beißenden Sonne
Läuft an und springt
Doch jedes Mal zerschellt sein Traum
An glänzenden Stäben

Er drückt seinen Kopf langsam zwischen die glühenden
Gitter
Immer fester, immer weiter
Bis er einschläft
Nie mehr aus seinen Träumen gerissen wird

Existenz

Ich brenne
Meine Lippen werden blau
Die Haut wird rot
Das Herz erfriert

Die Gedanken explodieren
Der Geist erstarrt
Der Blick geschärft
Die Sicht getrübt

Ein Funke entfacht
Er erlischt in kalter Kehle
Ein wütender Drache
Ohne Feuer, ohne Ehre

Goldener Schuss

Ein lauter Knall
Der goldene Schuss
Er schmeckt so bitter und allein
Nach Eisen und Leere
Die gold gefüllten Erinnerungen flattern in der Luft
Dann plötzlich Ruhe, weil alles enden muss

Abschied

Dann ist es vorbei
All die Tage, all die Stunden
All die Freuden, all die Sünden
All die Liebe, all der Frust
All die Einsamkeit, all die Lust

Ich werde gehen
Weinet doch meiner nicht
Ihr werdet sehen
Leiden lohnt sich nicht

Ich war nichtig und klein
Glücklich wart ihr
Ihr sollt es weiter sein

Temporär ist nur die Trauer
Abstand ist der Grund
Tränen nicht von Dauer
Ich habe es mir selbst ausgesucht
Nur Kunst dürft ihr es dann nicht nennen
Wenn Gedanken und Blut an den Wänden hängen

Frankfurter Applaus

Innere Ovation
Der einzig letzte Antrieb
In einer verblassenden Oase
Wo alles war aber nichts mehr liegt

Zuflucht in gewohnte Kreise
Pulsierendes blau und fließendes rot
Allein in die Unendlichkeit
Die große Liebe, der kleine Tod

Rien ne va plus
Sich drehende Sucht
Die finale Wette
Der goldene Schluss

Ein letztes Aufbäumen
Ein letztes mal raus
Alles wird gut
Frankfurter Applaus

Letztes Kreuz

Am letzten Kreuz
Da liege ich
Der Himmel klar
Die Sünden nicht

Roter Regen
Kahles Gesicht
Klage abgewiesen
Vorm jüngsten Gericht

Zerreißprobe

Ich gehe freiwillig
Lasst sie raus
Die Löwen
Werft mich ihnen zum Fraß vor

Ich werde kämpfen
In dem Wissen, dass ich untergehe
Doch stehen werde ich bis zum Schluss
Ihr kriegt mich niemals nicht

Seht zu, wie sie mich zerreißen
Mich besiegen, mich zerfleischen
Ihr habt es nicht geschafft
Seht euer Werk durch andere vollbracht

Feige, töricht, schwach
Gehen werde ich in Ruhm und Ehre
Gedenktafeln brauche ich nicht
Nie aufgeschrieben wofür ich stehe

Angst

Ich taumele ohne mich zu bewegen
Ich springe ohne zu fallen
Ich leide ohne Tränen
Ich fühle ohne zu lieben
Ich fühle ohne zu spüren
Ich sehne mich ohne Ziel
Ich rede ohne sprechen
Ich falle ohne zu brechen
Mein Herz steht still
Hole mich, doch lass mich hier
Leiden ist leben
Schmerz ist fühlen
Brennen ist Feuer
Weinen ist Regen
Ich bin verloren ohne gesucht zu haben
In der Dunkelheit habe ich Angst
Ich bin frei

Belanglos

Es ist die Angst, die mich umgibt
Allein zu später Stund
Umgeben von geliebten Menschen
Doch jäh so nah dem Untergrund

Die Schlucht zu tief
Voll Leid und Schmerz
Bedeutungslos und nichtig sein
Liegt schwer auf meinem Herz

Der Drang zu sein und großes zu tun
Er pocht in meinem Geist
Doch ein Menschenleben reicht nicht aus
Um all dies auch zu sein

Was der Kopf erträumt, der Wille begehrt
Ist das, was die Seele auseinander zerrt
Und die Kunst ist schwer zu beherrschen
Nur weniges voll und ganz zu tun
Und damit glücklich zu werden

Kapitel VIII

Gebieter

Gott und Teufel sind eins
Das gerissene Genie
Der unabdingbare kompromisslose Ritter
Stößt das Schwert ins Herz
Und zerbricht daran

Das Schlachtfeld der gefallenen Amateure vor ihm
Doch das Gefühl des Sieges tritt nicht ein
Einzig die Genugtuung des Richtigseins
So sieht niemand Leid und Qual
Der Held er stirbt, der Erlösung nah
In den Geschichtsbüchern so hart und kalt
Doch ging er, verkannt der Liebe für sein Volk

Untergang

Könnt ihr mich sehen
Könnt ihr mich fühlen
Ihr sollt verstehen
Ihr sollt mich spüren

Euer Herrscher vor euch steht
Im Schweiß gebadeten Licht
Während heroisch er die Flaggen weht
Das Feuer in sein Herze sticht

Erscheint der Ruhm zunächst als ein Gewinn
Entsteht im Tiefen doch ein Krater
Für euch das Leben, für euch der Sinn
Für ihn nicht mehr als ein Theater

Glaubet weiter, glaubet fest
Im Geiste wird er vor euch stehen
Auch wenn das Leben längst in Fesseln ist
Will er in Freiheit untergehen

Abschied

Ich gehe nun fort
Allein in die Welt
An weit entfernte Orte
Hoffe, dass Glück dort noch hält

Ich will euch nicht sehen
Ich will euch nicht hören
Ich will euch nicht verstehen
Kann euch nur verstören

Das Simple zu schwierig
Die Worte so klar
Scheint alles sarkastisch
Sind sie alle doch wahr

Wertvoll die Freundschaft
Auch wenn alles zerfällt
An ihr halt ich fest
Sie ist was mich hält

Doch irgendwann muss ich gehen
Zu sehr zerrt der Drang
Mein Herz schreit gen Süden
Allein die letzten Straßen entlang

Auf und Davon

Ich bin dein Glück
Ich bin immer für dich da
Sage was du hören willst
Fühle was du fühlst

Bin in jedem deiner Träume
Doch wache niemals bei dir auf
Richtest dich nach mir
Doch vor dir stand ich nie

Die Bilder erinnern dich an mich
Glaube verschwimmt
Die Zeit vergeht
Alles auf und davon

Zweifel

Der Sohn Gottes
Der eiserne Krieger
Der zweifelnde Weise
Der einsame Leader

Die Schwachen, er weiß
Sie sind zu stark
In einem Meer aus Dummheit
Tosen Wellen so arg

Aussichtslos und monumental
Hoffnungen im Keim erstickt
Auf immer und ewig
Der Sohn Gottes bin ich

Unerreichbar

Und sie liegen zu deinen Füßen
Hängen an deinen Lippen
Wollen dich lieben und verehren
Reißen sich um deine in die Luft geworfenen Küsse

Du bist alles was sie haben
Auch wenn du das nicht sein willst
Und um dein eigenes Leben kämpfst
Bist die Antwort auf all ihre Fragen

Und ich kenne das Gefühl zu Begehren
Sein zu wollen wie jemand anderes
Die in dir Erlösung finden
Alles aufsaugen, dich verehren

Und es ist das, was alle brauchen
Hoffnung, Liebe und Erlösung
Für jeden doch ein anderes Ziel
Für sie unerreichbar, für dich direkt vor deinen Augen

Ganz normal

Alles was ich wollte
Ist dich zu begrüßen
Wollte, dass du mich kennst

Sprachst mir aus der Seele
Wusstest, was ich fühlte
Hast mir den Sinn gezeigt
Für den ich lebe

Hast dich niemals aufgedrängt
Wolltest nie das sein was ich sehe
Habe es mittlerweile gelernt
Dich im Schrank der Jugend aufgehängt

Verbrannt

Der teuflische Diener
Der Hölle entsannt
Die Worte so hart
Im Feuer gebrannt

Die Leute, sie leben
Er, starr wie die Nacht
Guckt einsam und kalt
Vom Throne herab

Die Flammen, sie lodern
Die Klänge aus Stahl
Eine einsam kranke Seele
Die Fleisch gewordene Qual

Auch im guten Menschen
Tief sitzt der Schmerz
Er verbrennt seine Sünden
In einem zerrissenen Herz

Ehrlich

Ich gönne es dir am allermeisten
Und das meine ich auch
Würde dir wünschen, dass du da stehst
Jubelnd in der Menge baden gehst

Doch ich muss ehrlich sein
Ich könnte es schwer ertragen
Wenn du da oben bist
Und es nur du und nicht wir beide sind

Der Glaube an dich
Wird mir nie versagen
Doch es gäbe nichts Schöneres
Wenn unsere Herzen auf den selben Brettern schlagen

Ich will es

Ich will es
Ich will es doch so sehr
Können tue ich es
Doch machen fällt mir schwer

Im Kopf alles so leicht
Vieles schon fest komponiert
Nur ein Akkord und dann ein Song
Sich danach doch der Mut verliert

Oder ist es die Zeit
Oder ist es die Lust
Oder reicht es zu träumen
Alles kann, nichts muss

Ich will doch dahin
Dahin wo ihr seid
Vielleicht wird es nie passieren
Vielleicht bin ich einfach noch nicht bereit

Unsterblich

Jetzt steh ich oben
Von Unsterblichkeit verfolgt
Ihr schmeißt die Hände nach oben
Meine Tränen sind Gold

Ihr geht nur nach draußen
Wenn die Sonne hier scheint
Ein Sturm zieht auf
Meine Tränen verweint

Ich schrei euch ins Gesicht
Die Worte der Wut
Ihr versteht es aber nicht
Egal was ich sag, alles ist gut

Verschwendete Jugend
Nach oben geguckt
Auch wenn der Boden bebt
Vom Treibsand verschluckt

Ich will euch kein Held sein
Ich bin nur ein Symbol
Nachdem ihr euch sehnt
Gedanklich so süß, menschlich der Tot

Schwanken

Es bröckelt
Ganz leise und zart
Langsam auf den Boden

Es wackelt
Sehr zittrig und warm
Schwankend hin zum Untergrund

Es steht
Ein Bild voll Erinnerung
Zweisam in der Bucht des Ruhmes

Es zweifelt
Die Überzeugung und die Gunst
Hat das Schlechte auch was Gutes

Es lebt
Die Liebe gegen Einsamkeit
Akzeptieren und Verstehen

Ich lerne
Überzeugung trifft auf Eitelkeit
Und Statuen schwanken, wenn Winde wehen

So wie du

Ich will nicht so sein wie du
Auf keinen Fall
Ich liebe und ich hasse dich
War immer froh, dass ich anders bin

Ich beneide und verehre dich
Hochachtung ist gar kein Wort
Wollt immer alles was du bist
Doch warst mir trotzdem absolut fremd

Hab mich bemüht ich selbst zu sein
Was anderes zu können
Und liebevoll und sozial gerecht
Aber auch das bist du, nur verstand ich es nicht

Die kleinen Fehler, die dich zum rasen bringen
Die mangelnde Intelligenz
Einfältigkeit und Rumgelaber
Begegnest du mit Ernst, ich mit Toleranz

Am Ende doch mein größtes Idol
Höre weg und gleichzeitig zu
Auch wenn ich es nicht wahrhaben will
Werde ich langsam so wie du

Gladiator

Ruhig, ganz ruhig
Alles steht still
Die Menge, sie schweigt
Gebannt und erstarrt

Der Staub, er legt sich
So kurz vor dem Sturm
Glorreiche Erzählungen
Liegen wie Dreck im Sand herum

Zum Erinnern gehört Erkennen
Eine Maske versteckt das Gesicht
So soll es niemand merken
Das eine Legende mit dem Tode ringt

Ein einsamer Kampf
Mit der Hoffnung auf den Rängen
Gegen einen riesigen Schatten
Hier und heute wird es enden

Er wird als Gewinner gehen
In Ruhm und Ehre gebadet
Stehend oder liegend
Mit Applaus oder in Frieden

Nachwort

Ein Gedicht

Es braucht nicht viel
Eine Sekunde, einen kleinen Moment
Wo sich Gefühl und Emotion
Für immer in Gedanken brennen

Wo Scham und Angst
Zart auf einer Flagge weht
Auf dem geistig sinkenden Boot
Ist Schreiben der einzig Weg

Ich will nicht verführen
Ich will nicht bekehren
Will einfach nur sein
Den Gedanken eine Chance gewähren

Es ist natürlich auch viel Freude
Nicht nur Bitterkeit und Leiden
Doch die schönen Dinge hab ich genossen
Über die anderen musst' ich schreiben